Isabelle Collombat

Chico Mendes –

»Nein zur Vernichtung des Regenwalds«

Für meine großen Bäume,
Marie-Thérèse und Alphonse,
Hélène und Cyrille, Odette und Paul.

Für meine Mutter, Marie,
die wie ein Baum atmet.

Für meine kleinen Sprösslinge,
Juliette, Victor, Barbara und Gaspard.

Isabelle Collombat

Chico Mendes – »Nein zur Vernichtung des Regenwalds«

Aus dem Französischen
von Carolin Wiedemeyer

Anaconda

Die französische Originalausgabe erschien 2010 unter dem Titel *Chico Mendes: »Non à la déforestation«* bei Actes Sud in Arles.
Lizenzausgabe mit freundlicher Genehmigung.

Die Deutsche Bibliothek verzeichnet diese Publikation in der Deutschen Nationalbibliografie; detaillierte bibliografische Daten sind im Internet unter http://dnb.ddb.de abrufbar.

Umschlagmotive: Chico und Ilsamar Mendes (1988), © Miranda Smith, Miranda Productions, Inc. / Wikimedia Commons (oben). – Brandrodung im tropischen Regenwald (Brasilien 2002), Foto: WILDLIFE / M.Edwards / picture alliance / WILDLIFE (unten)
Umschlaggestaltung: Druckfrei. Dagmar Herrmann, Köln
Satz und Layout: Andreas Paqué, www.paque.de
Printed in Czech Republic 2012
ISBN 978-3-86647-839-8
www.anacondaverlag.de
info@anacondaverlag.de

1953

Der kleine Junge und der weinende Baum

Der kleine Junge atmet tief ein und dringt weiter in den Wald vor. Es kommt ihm vor, als ob er in einen Ozean eintaucht. Aber tief unter den riesigen Bäumen Amazoniens muss er nicht die Luft anhalten, er braucht keinen Schnorchel oder irgendein Atemgerät. Der ganze Wald ist ein gewaltiges Sauerstoffreservoir, das sein Herz schlagen lässt, ebenso wie das Herz seines Vaters, der ein paar Schritte vor ihm geht, und wie das der Menschen auf der ganzen Welt. Aber das alles ist dem kleinen Jungen nicht bewusst und der Mehrheit der Menschen zu der Zeit auch nicht.

Chico ist gerade neun Jahre alt und sein Vater nimmt ihn zum ersten Mal in den tiefen Wald mit. Zusammen dringen sie weit in das grüne, dunkle Dickicht vor, weit weg von der Lichtung, wo sie in einer Pfahlhütte wohnen, die wiederum mehrere Stunden zu Fuß und per Boot von der nächsten Stadt, einer Ortschaft namens Xapuri, entfernt liegt.

Neun Jahre, hier im Herzen von Amazonien, irgendwo im Westen dieses riesigen Landes Brasilien, genauer gesagt in dem kleinen Bundesstaat Acre, nahe der Grenze zu Bolivien und Peru. Neun Jahre, das ist das Alter, in dem alle Söhne der *Seringueiros* den Beruf der männlichen Familienmitglieder erlernen: Kautschukzapfer.

Seit er auf zwei Beinen gehen kann, hat Chico gelernt, sich im Haus nützlich zu machen. Aber nun geht der Erstgeborene der Familie einen Schritt weiter: Er verlässt die Rockzipfel seiner Mutter, um künftig seinem Vater zu helfen.

Chico fröstelt. Er ist bezaubert von der feuchten Nacht, die die Natur um ihn in ihre undurchdringlichen, dichten Netze hüllt und abwechselnd nach Knoblauch, Farn, Fäulnis und Zitrone, nach Nüssen und Orchideen duftet. Die nächtliche Dunkelheit umgibt ihn voll und ganz, wandert weiter in seine Kleidung, unter seine Haut und sogar in das Innere seiner Knochen. Sie durchdringt ihn von Kopf bis Fuß. Chico lässt das Licht der Kerosinlampe, die sein Vater sich auf der Stirn befestigt hat, nicht aus den Augen. Er folgt ihm auf Zehenspitzen. Er hat so viele Geschichten gehört, Märchen und Legenden. Er konzentriert sich, um die Waldbewohner nicht zu stören, die sich zwar nicht zeigen, die er aber in seiner Fantasie deutlich vor sich sieht.

Hier im tiefsten Amazonien scheint die Nacht belebter als anderswo. Vor allem die Bäume, diese alterslosen, unsterblichen Riesen, behaupten sich mit ihrem allmächtigen Schweigen als die Könige des Regenwalds. Der Mond, zu dem sie sich hinstrecken oder von dem sie niedergedrückt werden, ist das einzige Gestirn, dessen Einfluss sie akzeptieren und den man manchmal nur aufgrund eines dünnen Lichtstrahls erahnt, der durch die Bäume dringt. Die riesigen Bäume scheinen in einem friedlichen Wettstreit zu stehen, der Sonne möglichst nahe zu kommen, durch das unendlich erscheinende grüne Dickicht hindurch. Einige Bäume sind so hoch wie ein 20-stöckiges Hochhaus. Sie gewähren auf ihren Ästen und Zweigen ganzen Kolonien von Tieren und Pflanzen Raum zu leben. Heerscharen von Insekten laufen auf ihnen in alle Richtungen. Jeder Baum ist eine Stadt für sich. Ganz oben, nahe dem Himmel, beherbergen die Baumwipfel* nicht nur Familien, sondern ganze Völker von Affen, Faultieren und Papageien, die alle so weit wie möglich vom Boden entfernt leben wollen, wo es nur so wimmelt von Raubtieren.

Plötzlich erstarrt Chico. Er hat ein Geräusch gehört, ein Brummen. Ein Jaguar vielleicht? Der auf der Jagd ist oder im Hinterhalt auf einem Ast lauert? Der kleine Junge hat eine Heidenangst vor Jaguaren. Er versucht, sich zu beruhigen, sich

* Der Baumwipfel ist der höchste Punkt des Waldes in direktem Kontakt mit der Atmosphäre. Dort leben die meisten Tierarten.

einzureden, dass Jaguare keine Menschen fressen! Er atmet tief ein, presst die Angst heraus, die in seinem Magen rumort, dann geht er schnell weiter. Er folgt genau den Fußstapfen seines Vaters und passt auf, dass er nicht vom Weg abkommt, den das wackelnde Licht von Franciscos Stirnlampe zu erkennen gibt. Er weicht Zweigen aus, steigt über Äste und umrundet Lianen, die manchmal den Weg blockieren. Mit neun Jahren weiß der Junge schon genau, dass der Amazonas-Wald tödliche Gefahren birgt. Ein Schritt zu weit zur Seite kann fatal sein. Schlangenbisse können einen in zehn Minuten erblinden oder wie einen Ballon anschwellen lassen. Ein Biss der Tucandera-Ameise bewirkt ein tiefes Koma, ganz zu schweigen von den Gefahren, die Tarantulas oder Wespen darstellen.

Plötzlich bleibt Chicos Vater vor einem riesigen Baumstamm stehen, so groß, dass er ihn nicht mit seinen Armen umfassen kann: ein Kautschukbaum, auch Hevea genannt. Die Rinde ist auf ganzer Höhe eingeritzt, mit feinen Linien in V-Form, eine über der anderen.

»Chico, schau gut zu!«

Chico reibt sich die letzte Müdigkeit aus den Augen. Der Alltag im Wald fängt weit vor Sonnenaufgang an. Seit er aus seiner Hängematte gesprungen ist und ein bisschen Maniok mit Trockenfleisch gegessen hat, ist es das erste Mal, dass er innehält. Der Junge richtet den Blick auf seinen Vater. Francisco hat ein Spezialmesser genommen und beginnt, den Baumstamm einzuschneiden. Präzise schält er einen feinen Streifen aus der Rinde und formt ein weiteres V unter den anderen. Sofort läuft eine weiße Flüssigkeit in den Metallbecher, den Francisco darunter befestigt hat. Es sieht aus wie Milch, ist aber Latex, das durch Erwärmung zu Kautschuk wird.

Chicos Vater sagt:

»Jetzt verstehst du, wieso die Indianer ihn den ›weinenden Baum‹ nennen! In zwei oder drei Stunden kommen wir wieder, bis dahin wird er seine Tränen getrocknet haben.«

Chico ist fasziniert von der Schönheit dieser Schnitte, die in Wellen über den Baumstamm verlaufen, fast wie Tätowierungen. Einige hundert Meter weiter versucht er, es seinem Vater nachzumachen und setzt einen Schnitt an.

»Siehst du, es ist nicht schwierig, den Kautschuk herauszuholen«, ermutigt ihn Francisco. »Aber du musst Geduld haben, denn die Bäume erkennen die Hand wieder, die sie zur Ader lässt, und sie brauchen Zeit, um sich an eine neue Hand zu gewöhnen.«

Chico sieht in den Augen seines Vaters, dass er stolz auf ihn ist.

»Bringst du mir auch Lesen, Schreiben und Rechnen bei?«

»Ich habe dir schon alles beigebracht, was ich weiß!«, entgegnet sein Vater.

Chico zieht eine Schnute und schiebt die Unterlippe vor. Von seinem Vater hat er einige Grundlagen in Lesen und Schreiben gelernt. Da hat er Glück gehabt, denn das ist eine Ausnahme bei den *Seringueiros*. Aber dem Jungen reicht das nicht. Er möchte die Zahlen entziffern können, die der *Patrão* in sein Rechnungsbuch schreibt, ein Kauderwelsch, das sein Vater nicht versteht und somit auch nie anzweifeln kann. Der *Patrão* ist der Herr hier, die *Seringueiros* seine Untergebenen, fast seine Sklaven. Weil sie auf dem Stückchen Land leben und arbeiten, das dem *Patrão* gehört, müssen sie ihm ihre Ernte abtreten und den Preis akzeptieren, den er festlegt. Und da zwischen ihnen kein Geldfluss stattfindet, können die *Seringueiros* nur beim *Patrão* Lebensmittel und Werkzeuge erwerben.

Jedes Mal, wenn sein Vater seine Kautschukkugeln abliefert, lässt der Mann mit den Haaren in den Ohren und einem Gesicht so teigig wie Latex seine Fingergelenke knacken und nimmt sich dann eine schwarze Schiefertafel, auf die er derart komplizierte Rechenoperationen kritzelt, dass Chicos Vater total verwirrt ist. Am Ende hat Francisco nichts verdient. Je mehr er arbeitet, desto weniger verdient er und erstickt fast unter den Schulden, die er beim *Patrão* hat: Das, was er bei ihm einkauft, ist immer teurer als der Kautschuk, den er an ihn abgibt. Gestern noch hat der *Patrão* ihm eine Szene wegen einiger Säcke schwarzer Bohnen gemacht:

»Schau nur!«, sagte er und zeigte mit dem Zeigefinger auf eine Zahlenreihe in seinem Rechnungsheft. »Wie soll ich dir noch irgendetwas verkaufen?«

Francisco kam ohne die Bohnen nach Hause.

»Dieser Dieb!«, schimpfte er, als er schon etwas weiter entfernt war.

»Und wenn wir weggehen würden?«, fragte Chico.

»Unmöglich! Er würde uns töten … Wenn du einen *Patrão* hast, ist das für immer.«

Zwischen zwei Kautschukbäumen fragt Chico sich, wie er wohl Lesen, Schreiben und Rechnen lernen könnte. Hier im Wald gibt es keine Schulen. Schlimmer noch, sie sind sogar verboten. Die Kinder der *Seringueiros* haben aber sowieso keine Zeit zur Schule zu gehen. Selbst spielen ist in ihrem Alltag nicht vorgesehen. Sie müssen in erster Linie arbeiten.

An diesem Morgen geht Chico auf dem gewundenen Weg, der *Estrada*, die zwischen den Kautschukbäumen verläuft, ungefähr zwölf Kilometer hinter seinem Vater her. Bis Mittag müssen sie 150 Bäume beschneiden. Am Nachmittag gehen sie den Weg zurück und sammeln das Latex ein, das in die Becher gelaufen ist. Wenn sie wieder zu Hause sind, ist es schon fast Nacht und Francisco erhitzt das Latex über dem Feuer, um kleine, elastische Bälle zu formen, die auf dem Amazonas, seinen Nebenflüssen und dann auf den Weltmeeren verschifft werden, um in den Fabriken gelagert zu werden, wo sie vor allem zur Herstellung von Reifen für Autos und Flugzeuge sowie für Fahrradschläuche dienen.

Die ersten Sonnenstrahlen dringen schließlich durch die dichte Vegetation. Im grünen Licht bleibt der Horizont hinter einer Reihe von Baumstämmen verborgen, deren Blätter man nie zu sehen bekommt. Chico geht weiter, seine Sinne sind alle hellwach, in Erwartung von Geräuschen aus dem Wald oder von plötzlicher Stille. Während sie gehen, nennt sein Vater ihm die Namen der Pflanzen und erklärt ihm ihre Bedeutung als Heilpflanzen. Plötzlich bleibt Francisco wie angewurzelt stehen. Er kniet nieder. Er hat Spuren auf dem Boden entdeckt.

»Ein Tapir!«, murmelt er in Chicos Ohr, der den Atem anhält.

Einige Meter weiter sehen Vater und Sohn das Tier, das gerade ein paar Früchte verspeist. Sie verstecken sich hinter Büschen und warten darauf, dass der Tapir sich entschließt, seine Siesta zu halten. Francisco deutet mit dem Finger auf sein Ohr und flüstert:

»Der Vogel? Hörst du ihn? Ein Uirapuru!«

Ein breites Lächeln zeichnet sich auf Chicos Gesicht ab. Die Legende besagt, dass der Gesang des Uirapuru Glück bringt und er von einer solchen Schönheit sei, dass alle anderen Vögel mit dem Singen aufhören, um ihm zuzuhören. Der kleine Junge spürt auf einmal eine immense Kraft in sich, eine Welle erfüllt seinen ganzen Körper und die Zeit scheint stillzustehen, hier unter den Riesen Amazoniens. Dieser bewegende Moment scheint ewig zu dauern, dabei sind es nur ein paar Minuten. Als der Vogel aufhört zu singen, gehen Vater und Sohn völlig verzaubert nach Hause. Sie haben den Tapir völlig vergessen, der neben ihnen döste.

Am Abend, in der Pfahlhütte der Mendes mitten im Wald, Stunden vom nächsten Nachbarn entfernt, klettert Chico in seine Hängematte. Schaukelnd und weit weg von allem, weit weg von den Städten, stellt er sich vor, wie er eines Tages auch zur Tapirjagd aufbricht. Aber der kleine Junge hat noch größere Träume. Eines Tages wird er lesen und schreiben können. Er wird so viel lernen, dass er die Berechnungen des *Patrão* entziffern können wird und nichts wird einfacher sein, als die Worte zu verstehen, die aus dem Mund dieses Mannes kommen, um seinen Vater zu erniedrigen.

1964

Durch Euclides lernt Chico die Welt verstehen

Chico bricht in den Wald auf. Er drückt den Boden kaum mit seinen Schuhen ein, er scheint geradezu über ihm zu schweben. Mit seinen zwanzig Jahren ist er nun verantwortlich für die Kautschukernte. Er hat seinen Hund zu Hause gelassen. Die erste Zeit, in der Chico alleine die Pfade der *Estrada* entlangging, nahm er den Hund mit, um den Gefahren des Waldes besser begegnen zu können. Aber das arme Tier war genauso ängstlich wie er, es lief mit eingekniffenem Schwanz und gab einen miserablen Leibwächter ab. Der Hund sprang verschreckt auf, sobald er das Quaken eines Frosches oder den Schrei eines Affen hörte. Selbst ein Wassertropfen auf seiner Schnauze ließ ihn zusammenfahren. Er winselte und heulte zum Gotterbarmen. Chico musste ihn beruhigen. Es hätte nicht viel gefehlt und der Hund wäre ihm in die Arme gesprungen!

Jetzt hat Chico keine Angst mehr, sich in das dunkle Gewölbe der riesigen Bäume zu stürzen. Nur die Waldgeister könnten ihn noch einschüchtern. Wie der *Bôto*, ein roter Wassergeist, der sich in einen Mann verwandelt, um junge Mädchen zu verführen. Oder der *Caboclinho da Mata*, der kleine Waldmann, der die Hunde verhext, wenn mehr als ein Hirsch pro Woche getötet wird. Die Kräfte des Waldes beschützen den, der den Wald respektiert, und vergiften die Existenz derjenigen, die ihn schlecht behandeln.

Chico beeilt sich und scheint über den Weg zu fliegen, obwohl er nicht läuft, sondern nur schnell geht. Er will die Arbeitswoche rasch beenden, obwohl er noch weit davon entfernt ist. Denn jeden Samstag trifft Chico seinen Freund Euclides. Und an diesem Abend will er Euclides noch dringender als sonst treffen, um mit ihm die Ereignisse dieser Woche zu besprechen, die sich in Rio de Janeiro abgespielt haben: Ein General hat mit seinen Truppen die brasilianische Regierung gestürzt.

Hinter Chico versucht sein kleiner Bruder Zuza mit ihm Schritt zu halten und ist schon völlig außer Atem. Er ist neun Jahre alt und hat nun auch mit dem Kautschuksammeln begonnen. Ohne sich zu beschweren versucht er, den Rhythmus seines zehn Jahre älteren Bruders mitzuhalten.

Chico verlangsamt seinen Schritt. Die Lichtstrahlen, die durch das grüne Dach dringen und sich in den Zwischenräumen abschwächen, bilden eine wunderschöne Bühne für hin und her flatternde Schmetterlinge. Wenn die Brüder nach Hause kommen, wird die Sonne schnell untergehen und es wird Nacht werden.

»Sag mal, Chico«, fragt Zuza plötzlich mit leiser Stimme. »Hast du ihn schon mal gesehen, den *Mapinguari*?«

Zuza bewundert seinen großen Bruder. Chico weiß so viel. Er kann zwischen Bäumen unterscheiden, die satt machen und solchen, die den Durst löschen. Und er weiß, welche Bäume heilende Kräfte haben. Aber vor allem kann er lesen und schreiben wie niemand sonst bei den *Seringueiros*. In den Augen des kleinen Jungen ist Chico sehr viel mehr als nur der Älteste von sechs Geschwistern. Chico ist alles für Zuza: ein Bruder, ein Held, ein Freund, vor allem, seit ihre Mutter nicht mehr da ist. Mit 42 Jahren wurde sie zum 19. Mal schwanger und starb bei der Geburt des neuen Babys vor ein paar Wochen. In jener Nacht ist Chico durch den ganzen Wald gelaufen, um sie zu retten. Aber als er zurückkam, war es bereits zu spät.

In den letzten Monaten hat sich ein Schicksalsschlag an den anderen gereiht. Raimondo, der zweite Sohn der Familie, fiel von einem Kautschukbaum, als er ihn beschneiden wollte, und war sofort tot. Dann wurde die kleine Schwester Serina sehr krank und hat es nicht überlebt. Ohne Ärzte und ohne Medikamente ist das Leben der *Seringueiros* hart und unerbittlich. Die Kinder sterben früh an Fieber und Malaria. Auch die Erwachsenen werden nicht alt.

Francisco haben diese Schicksalsschläge schwer mitgenommen. Er hat die ganze Verantwortung für die Kautschukernte Chico überlassen, während er nur noch ein bisschen Mais, Maniok, Reis und Bohnen anbaut. Wenn alles schlecht läuft, muss man zusammenhalten. Bei den Mendes stützt sich nun die ganze Familie auf Chico, vor allem Zuza.

»Den *Mapinguari*, der Menschen frisst und dem die Köpfe am besten schmecken?«, antwortet Chico mit einem geheimnisvollen Lächeln.

»Du hast ihn gesehen? Das glaube ich dir nicht!«

»Ich habe sogar mit ihm gekämpft …«

»Du machst Witze!«

Chico liebt es, Geschichten zu erzählen, vor allem solche, die Angst machen. Zuza weiß das nur zu gut. Und die Geschichte vom *Mapinguari* kennt er auswendig. Dieses verwunschene Wesen, das den Wald verteidigt. Es greift nur Menschen an, die den Wald schlecht behandeln. Daher sieht Zuza keinen Grund, warum der *Mapinguari* seinem Bruder Böses antun sollte.

Chico hört auf zu lachen. Er gibt Zuza ein Zeichen, dass er still sein solle. Er richtet sein Gewehr auf einen Punkt, der sich oben in den Wipfeln der Bäume befindet, dann nimmt er die Waffe wieder herunter. Der Lärm der Affen oben in den Bäumen hat auf einmal aufgehört. Zuza bleibt unbeweglich stehen. Chico ist ein guter Jäger. Aber diesmal schießt er nicht, er bewegt sich kaum. Das Kind erkennt mitten auf der *Estrada* eine massive Silhouette mit geflecktem Aussehen. Ein Jaguar. Zuza erblasst. Er hört die Bitte, die sein Bruder mit seiner schönen, sanften Stimme an das Tier richtet:

»Jaguar, lass uns vorbei. Es ist spät und ich bin mit meinem Freund Euclides verabredet.«

Der Jaguar dreht sich um und verschwindet zwischen den Büschen im dichten Wald. Chico geht weiter, als ob nichts Ungewöhnliches passiert sei. Zuza folgt ihm auf Zehenspitzen und beißt die Zähne aufeinander, bis sie bei ihrer Lichtung angelangt sind.

Es ist spät in der Nacht und die ganze Familie schläft, als Chico seine Hängematte neben der seines Freundes Euclides Távora aufhängt. Eine Figur wie ein Schrank, ein dichter, schwarzer Bart, zerzaustes Haar – Euclides ist ein komischer Typ, der vom Alter her Chicos Großvater sein könnte. Und doch verbringt Chico alle Samstagabende mit diesem Mann. Sie diskutieren und hören Radio zusammen. Das Programm ist unverändert, seit Euclides Chico alles beigebracht hat, wovon dieser geträumt hat, und mehr noch, aus dem jungen Analphabeten einen gebildeten jungen Mann gemacht hat.

Chico erinnert sich an den Tag, als Euclides aus dem Wald vor ihrer Lichtung auftauchte und sein Schicksal eine entscheidende Wendung nahm. Der Mann klatschte dreimal in die Hände, um sein Kommen anzukündigen, ohne sie zu erschrecken. Er kam aus Bolivien und erzählte, dass er sich einige Stunden Fußmarsch von ihnen entfernt als *Seringueiro* niedergelassen hätte. Dieser Mann, der so gar nicht den anderen *Seringueiros* ähnelte, die sie kannten, zog sofort die Aufmerksamkeit von Chico und seinem Vater auf sich, vielleicht weil er wie ein Lehrer sprach, mit langen Sätzen und einer beeindruckenden Wortvielfalt. Als der Mann ein Bündel Zeitungen aus seiner Tasche zog, näherte sich Chico neugierig. Mit seinen 18 Jahren hatte er noch nie eine Zeitung gesehen. Er wusste gar nicht, worum es sich dabei handelte.

»Eine Zeitung dient dazu, zu erfahren, was um uns herum passiert, hier in Brasilien und auf der ganzen Welt«, erklärte Euclides sofort.

Der junge Mann warf einen Blick um sich herum, über die Hütte und die Lichtung hinweg. Auch wenn seine Augen nicht über die Baumwipfel hinaus dringen konnten, erweiterte sich sein Horizont auf einmal, über die Weite des Waldes hinaus. Mit diesem fremden *Seringueiro* nahm seine Weltvorstellung auf einmal eine Dimension an, die über all das hinausging, was Chico sich in seinem Kopf bisher vorstellen konnte. Sein Leben erschien mit einem Mal viel weitreichender, besonders als einige Augenblicke später der Mann begann, die Zeitung mit einer unglaublichen Leichtigkeit zu lesen. Nur mit den Augen. Ohne Pausen zwischen den Worten.

»Militärische Intervention der Amerikaner in Vietnam. Abzug der Europäer aus Algerien. Scheitern des Generalstreiks in Argentinien. Langsame Wiederaufnahme der Arbeit in Spanien.«

Den darauffolgenden Samstag beschlossen Francisco und Chico, den Fremden zu besuchen. Sie gingen drei Stunden durch den Wald. Die Hütte des Fremden war bescheiden eingerichtet: einige Zeitungsstapel, ein paar Bücher und ein mit einem Schlüssel abgeschlossener Koffer. Aber er besaß etwas, was keiner ihre sonstigen Bekannten hatte: ein immenses Wissen. Der Mann war seinerseits beeindruckt von Chicos Neugier und Intelligenz und schlug dem Vater sofort vor, dem Jungen Lesen und Schreiben beizubringen. Monatelang ging Chico nun jeden Samstag drei Stunden durch den Wald zu dem Fremden, der ihm beibrachte, die Kolumnen der Zeitungen zu entziffern, die er oft erst mit mehreren Wochen Verspätung bekam. Bei Euclides lernte Chico aber nicht nur Lesen und Schreiben, er lernte auch zu denken und nachzudenken, er wurde an die Politik herangeführt, an den Marxismus*, an den Klassenkampf.

»Brasilien war schon immer zweigeteilt«, erzählte Euclides, »in eine privilegierte Klasse von Kaufleuten und Grundbesitzern und eine ausgebeutete Klasse von indianischen und afrikanischen Sklaven, Bauern oder armen Arbeitern wie die *Seringueiros*.«

Euclides Távora ist kein gewöhnlicher *Seringueiro*. Er war früher Soldat, war an Revolutionen beteiligt und hat in den Arbeiterbewegungen in Brasilien und Bolivien mitgekämpft. Er wurde verhaftet und ins Gefängnis geworfen und flüchtete. Um die Polizei abzuschütteln, hat er

* Der Marxismus ist eine philosophische, politische, ökonomische und soziologische Richtung, die sich auf Karl Marx beruft (1818-1893). Sie erklärt und kritisiert den Kapitalismus, indem sie zeigt, wie dominante Minderheiten die Produktionsmittel (die Unternehmen) und die politische Macht kontrollieren, die ihnen erlaubt, ihre Vorherrschaft weiterzuführen.

sich in den Tiefen des Amazonasgebiets versteckt und sich dann schließlich als *Seringueiro* niedergelassen. Das Leben von Euclides gleicht einem Roman. Chico wusste lange nichts davon. Monatelang kannte er noch nicht einmal den Namen seines neuen Freundes. Aber das war ihm völlig egal. Was zählte, war, dass sein Lehrer ihn unterrichtete. Dank Euclides wurde sich Chico über die Lebensverhältnisse der *Seringueiros* bewusst. Seitdem weiß er mehr über ihre Geschichte und was seine eigene Familie in den Wald führte. Wie Tausende andere Menschen, die kurz vor dem Verhungern waren, flüchtete sein Großvater José 1926 mit seiner ganzen Familie vor der Trockenheit und anderen Katastrophen im Nordosten. Geblendet von all den Geschichten um das schwarze Gold stellte er sich Wald als ein Eldorado vor, in dem er sein Glück machen könne. Tatsächlich war der Kautschuk-Boom im Amazonasgebiet schon kurz nach dem Ersten Weltkrieg zu Ende gegangen. Großvater José wusste nicht, dass die Industriellen Brasilien aufgegeben hatten und sich nun in Asien, in Sumatra oder auf den Philippinen versorgten, wo Millionen von Kautschukbäumen auf gewaltigen Plantagen angebaut wurden und wo das Kautschuk sehr viel profitabler geerntet werden konnte als im Amazonaswald. Auch wenn man es José erklärt hätte, er hätte nicht geglaubt, dass sein Land Ende der 30er-Jahre nicht mehr genügend Kautschuk produzierte und es im Ausland dazukaufen musste. Nicht zu vergessen, dass das natürliche Latex Konkurrenz durch synthetisches Gummi bekam, das aus Erdöl hergestellt wurde.

Großvater José lebte nicht lange genug, um mitzuerleben, wie die Eigentümer der Kautschukbäume im Amazonasgebiet ihre Waldparzellen verschleuderten, die nun aufgrund der fallenden Kautschukpreise nichts mehr wert waren. Euclides erklärte Chico, wie die Viehzüchter sich das Land spottbillig aneignen konnten und dann als neue Herren des Waldes die Bäume abholzten, um Land- und Viehwirtschaft zu betreiben. Die Regierung unterstützte sie mit Hilfsmitteln und Subventionen. Sie finanzierten

Weizen- und Sojaanbau für den Export. So verließen gefüllte Container das Land, dessen Bevölkerung nicht genug zu essen hatte. Brasilien konzentrierte sich ganz und gar auf intensive Landwirtschaft. Pech für die *Seringueiros* und die kleinen Bauern, die auf der Strecke blieben, vertrieben von den Großgrundbesitzern, die sich immer mehr Land aneignen wollten.

Um nichts in der Welt will Chico diese Samstagabend-Treffen mit Euclides verpassen. Je mehr Chico lernt, desto mehr will er noch erfahren. Er bekommt nicht genug von Euclides' Erzählungen und von ihren Gesprächen. Aber seitdem Chico Vollzeit arbeitet, an sechs von sieben Tagen, und sich zudem abends um seine Brüder und Schwestern kümmern muss, hat der Lehrer es sich zur Gewohnheit gemacht, jeden Samstag zu seinem Schüler zu kommen.

An diesem Abend können Lehrer und Schüler noch weniger als sonst erwarten, was die Radiostationen aus aller Welt über das historische Ereignis berichten, das sie kommen sahen und das sich gerade in Brasilien abgespielt hat: der Staatstreich der Militärs*.

Euclides dreht an dem großen Knopf des Radios. Seitdem er sich dieses kleine tragbare Radio angeschafft hat, müssen sie sich nicht mehr vor das Radio des *Patrão* setzen, um die portugiesischen Programme der internationalen Sender zu hören. Euclides stoppt bei der Frequenz von Radio Moskau, wo erklärt wird, dass der Staatsstreich von der CIA finanziert wurde, dem amerikanischen Geheimdienst, und dass er auch von der konservativen Kirche unterstützt wurde.

»Die UdSSR verurteilt die Repressionen nach dem Putsch in Brasilien«, fasst der sowjetische Radiosprecher zusammen und erwähnt auch die verschwundenen Menschen, die Verhaftungen, die Ermordungen, die kurz nach der Machtergreifung durch das Militär stattgefunden haben.

Dann dreht Euclides wieder am Radioknopf. Er bleibt bei *Voice of America* stehen:

* Am 31. März 1964 wurde in Brasilien die amtierende Regierung durch das Militär gestürzt.

»Washington begrüßt den Sieg der Demokratie in Brasilien und den Kampf gegen den Kommunismus. Dem Anarchismus, dem Terrorismus und der Korruption in diesem Land wurde ein Riegel vorgeschoben ...«

»Von diesen beiden Nachrichtensendungen erscheint mir die russische Version näher an der Wahrheit«, meint Chico. »Aber: Sie sagen auch nur das, was ihnen passt.«

»Eins ist sicher, wir werden für mindestens zehn Jahre eine Diktatur haben, vielleicht für zwanzig. Wer weiß? Die Militärs werden uns unterdrücken, uns massakrieren, uns demütigen, aber es wird ihnen nicht gelingen, die Freiheitsbewegung auszulöschen. Früher oder später wird die Saat aufgehen.«

Chico starrt Euclides an, als ob er die Entschlossenheit und die Hoffnung, die er in den Augen seines Lehrers sieht, in seine Erinnerung einbrennen wolle.

1979

Chico wird Anführer der *Seringueiros*

»Ihr solltet eure Kettensägen niederlegen!«, sagt Chico, nicht aggressiv, aber bestimmt und während er spricht, bildet sich eine tiefe Falte zwischen den Augenbrauen.

Der Gewerkschaftsführer der *Seringueiros* nähert sich ganz allein der Reihe an Polizisten, die zur Sicherung dort stehen. Aber nicht zu ihnen spricht er. Er wendet sich an die drei Männer, die den Kopf nach unten gerichtet haben, die Augen unter ihrer Mütze verborgen, und die von den bewaffneten Sicherheitskräften bewacht werden. Drei bezahlte Arbeiter, die im Auftrag der Großgrundbesitzer die Bäume abholzen sollen. Ihre Vorgehensweise ist gut eingespielt. Sie holzen die Bäume ab und verbrennen sie. Landbereiniger, die eine Parzelle in wenigen Stunden abholzen können. Dieses Massaker erfordert keine besondere Qualifikation. Die Amazonas-Riesen sind Kolosse im Lehmboden, die man mit einer Kette und zwei Traktoren herausreißen kann. Oder, wenn das nicht reicht, mit einer Kreissäge, Kränen und Bulldozern. Versehrt und ohne Gegenwehr fallen die riesigen Bäume um, die Wurzeln in der Luft, zerbrochen.

»Ich bin sicher, dass ihr zu uns gehört!«, insistiert Mendes mit seiner klaren, entschlossenen Stimme.

Die Arbeiter drücken das Kinn auf die Brust, als ob ihr Genick gebrochen wäre, und starren auf den Boden. Die Stimme des Gewerkschaftsführers verliert sich im Motorenlärm eines Flugzeugs, das nun jedes andere Geräusch um die Arbeiter, die Polizisten, um Mendes und die kleine Gruppe *Seringueiros* hinter ihm übertönt. Die Maschine sieht man nicht, sie ist durch das Blätterdach der Bäume verborgen, aber niemand muss die Augen zum Himmel richten. Alle wissen genau, dass das Flugzeug über ihren Köpfen eine der Maschinen ist, mit denen die Landbesitzer das entwaldete Land in Weidefläche für Vieh oder in Felder zum Ackerbau umwandeln. Manche Grundbesitzer schrecken vor keinem Mittel zurück, koste es was es wolle, um ihre Aussaat in dem armen, sauren Boden des Amazonasgebiets zum Keimen zu bringen. Sie schlagen den Widerstand der Natur zurück, indem sie astronomische Mengen an Saatgut ausbringen oder ganze Wagenladungen an Herbiziden verstreuen, die sich weit über ihren Besitz hinaus verteilen. Pech, wenn diese chemischen, hochgradig giftigen Produkte der Gesundheit ganzer Familien von Kautschuksammlern oder einheimischen Indianern schaden, die in der Nähe leben. Wenn der Amazonas eine große Schiefertafel wäre, würden die Großgrundbesitzer den Wald und alle Menschen, die in ihm leben, auf einen Streich einfach wegwischen. Manche von ihnen haben sich sogar Vorräte an Agent Orange angelegt, diesem fürchterlichen Entlaubungsmittel, das die amerikanische Armee im Vietnamkrieg bis Anfang der 70er-Jahre benutzt hat, um die Wälder zu vernichten, in denen sich ihre Widersacher versteckten.

»*Companheiro*!«, murmelt plötzlich eine heisere Stimme, eine Stimme im Stimmbruch, hinter Mendes, aber der Mann scheint sie nicht zu hören.

Es ist João, ein Junge mit einem ballrunden Gesicht, mit schwarzen Locken, die ihm über die braune Stirn fallen, und fantastischen, zweifarbigen Augen, eins smaragdgrün, das andere gelb. Der Junge nähert sich Mendes und hält sich direkt hinter ihm in seinem Schatten. Er saugt Chicos Worte auf, als seien sie an ihn gerichtet, den gerade mal Dreizehnjährigen. Seit er Mendes kennt, will er nichts mehr als erwachsen werden, um sich der Gewerkschaft der *Seringueiros* anschließen zu können. Er will an ihrer Seite arbeiten und kämpfen, gegen die Grundbesitzer, die die Kautschuksammler betrügen und sie wie Ameisen zerdrücken.

João hat Mendes vor einigen Wochen getroffen. Der Anführer der *Seringueiros* durchquert regelmäßig den Wald, um die Kautschuksammler zu treffen, die isoliert voneinander in Amazonien leben. Als der Junge Chico mit seinem Vater reden hörte, kam er sofort dicht heran. Er erinnert sich, als sei es gestern gewesen. Der kleine Mann mit Schnurrbart und den dichten, ungekämmten Haaren wurde von einem Priester begleitet, einer von denen, die seit jeher den Ärmsten unter ihnen geholfen haben. Mendes erklärte, dass er von der Gewerkschaft der *Seringueiros* sei. Anfangs wusste João nicht so recht, was eine Gewerkschaft war. Dann verstand der Junge, dass, wenn Mendes sich bis zu ihnen hinaus begab, er sich wohl aufrichtig dafür interessierte, wie sie lebten, oder besser, wie sie überlebten. Der Mann hörte Joãos Vater lange zu, der von den Arbeitsbedingungen und ihrem Alltag im Wald erzählte. Er warf sogar einen Blick auf ihre Anpflanzungen, Mais, Maniok und Bohnen. Am Ende spielte er Domino mit ihnen, erzählte den Kleinen Geschichten und scherzte mit Zéfa, Joãos großer Schwester, die sichtlich angetan war von Mendes. »Ein schöner Mann!«, gestand sie ihrem Bruder später, der die Augen verdrehte, um sich über sie lustig zu machen. In Wahrheit war auch er begeistert von dem Mann, aber aus anderen Gründen. Wenn man Chico zuhörte, konnte man glauben, dass die *Seringueiros* plötzlich ihr Schicksal selbst bestimmen können und auf ein anderes Leben im Wald hoffen können, weniger hart, weniger strapaziös, weniger abstumpfend. Mendes erzählte, dass er Dutzende, vielleicht sogar Hunderte Briefe an die führenden Männer Brasiliens geschrieben habe, um ihnen das unwürdige Leben in Amazonien zu erläutern, diesen Mangel an allem. Niemand hat ihm geantwortet. Und da sich offensichtlich niemand für die Waldbewohner interessiere, müssten die *Seringueiros* ihr Schicksal selbst in die Hand nehmen.

»Man hat jahrelang Gehirnwäsche mit uns betrieben«, sagte Chico. »Um die Mentalität zu ändern, müssen wir uns bilden. Wir haben angefangen, Schulen zu eröffnen. João, du solltest dorthin gehen.«

Joãos Vater lachte und zeigte seinen zahnlosen Mund. Wann hätte sein Sohn wohl Zeit, in die Schule zu gehen?

João klopft Chico auf die Schulter.

»*Companheiro*! Ich bin's, João!«

Mendes dreht sich um und lächelt den Jungen mit den zweifarbigen Augen an.

»Und, die Schule?«

João beißt sich auf die Lippen. Der Mann lacht laut auf angesichts des angestrengten Gesichtsausdrucks des Jungen, der versucht das Thema zu wechseln, indem er versichert eine ungemein wichtige Information für Mendes zu haben:

»Die Arbeiter, die die Bäume abholzen, sind ehemalige *Seringueiros*, ich kenne sie.«

Mendes überrascht das nicht. Er kennt die ausweglose Situation, die einen Kautschuksammler veranlasst, seine *Estrada* zu verlassen. Die *Pistoleiros*, Handlanger der Großgrundbesitzer, haben sicherlich ihre Hütten niedergebrannt und sie bedroht. Sie haben sie von ihren Kautschukbäumen vertrieben, in die Stadt, wo sie die erstbeste Arbeit angenommen haben: die Abholzung der Wälder.

»Kommt und kämpft mit uns! Ihr könnt nicht heute den Wald abholzen, der euch gestern noch ernährt hat, der auch weiterhin eure Familien, eure Freunde ernährt und der euch noch lange Zeit ernähren kann!«, redet Mendes auf sie ein.

Der Anführer der Kautschuksammler dreht sich zu den circa hundert *Seringueiros* um, die sich hinter ihm wie eine menschliche Mauer im Wald aufgebaut haben. Eine Mauer von armen Leuten, halb Bauern, halb Arbeiter, ohne Waffen, die sich kurz zuvor aus den Tiefen des Waldes hier eingefunden haben, um sich denen zu widersetzen, die ihre Bäume fällen wollen. Sie haben sich aufgestellt, um den Zugang zu den Bäumen der *Estradas* zu verhindern. Sie kommen teilweise von weit her, sie sind den Fluss im Boot hinaufgekommen, sind stundenlang gelaufen, haben im Wald campiert und sind bei Sonnenaufgang aufgestanden. Sie haben nichts mehr zu verlieren. Der Geruch nach

Benzin und verbranntem Holz verpestet die Luft im ganzen Amazonasgebiet, vor allem hier in Acre, wo die Landbereiniger den Wald mit einem Höllenspektakel abholzen. Die Militärs, die an der Macht sind, ermutigen die Grundbesitzer. Sie ziehen die Weideflächen dem Wald vor, den sie verabscheuen, weil er mehr als die Hälfte des Landes ausmacht und in ihren Augen ein gefährlicher Ort ist, unsicher, gut geeignet für Guerillakämpfer und alle Arten von Handel. Amazonien muss beherrscht werden, kolonisiert, gezähmt wie ein wildes Tier. Seit Ende der 1960er-Jahre locken die Generäle auch ganze Heerscharen von armen Leuten hierhin, indem sie ihnen eine glänzende Zukunft vorgaukeln. Dazu legen sie Straßen an, die wie gewaltige vergiftete Adern den Wald durchziehen und ihn zerstören. Sie ordnen auch den Bau von gewaltigen Staudämmen an, um die Zuflüsse zum Amazonas zu kanalisieren und um Strom zu erzeugen. Die Militärs wissen, was sie der Weltbank sagen müssen, damit diese ihre Projekte finanziert. Reine Plünderung, aber das Geld fließt in Strömen. Denn offiziell ist die Eroberung des Amazonasgebiets die Voraussetzung für den wirtschaftlichen Aufschwung von Brasilien. Um in den Club der entwickelten Länder einzutreten, braucht man Teer und Asphalt. Die Bäume des Amazonasgebiets abzuholzen, das ist der Weg des Fortschritts.

Für die Grundbesitzer und die Entscheider der Wirtschaft sind die *Seringueiros* – wenn sie überhaupt von deren Existenz wissen – nichts als zurückgebliebene Wilde, die nicht mehr wert sind als die Indianer. Unwissende, die keine Ahnung von Zukunft und Fortschritt haben. Wann werden die verstehen, dass die Epoche des natürlichen Kautschuks vorbei und längst überholt ist? Sie sollen verschwinden! Und wenn sie sich widersetzen, wissen die *Pistoleiros* schon, wie man sie dazu bringt, zu verschwinden. Tausende von ihnen sind schon nach Bolivien geflohen. Andere sind in den Favelas gelandet, in dem Dreck und Elend der Slums von Rio Branco oder Xapuri.

Nicht alle *Seringueiros* ergreifen die Flucht. Einige sind geblieben, wie die, die heute aufrecht hinter Mendes stehen, von Angesicht zu Angesicht mit der Polizei, und die sich der Zerstörung der Heveen widersetzen, von denen sie leben. Diese *Seringueiros* haben nicht die Absicht, sich einfach von der Landkarte radieren zu lassen.

Die Arbeiter reagieren immer noch nicht auf Mendes Aufforderungen. Der Gewerkschaftsführer weiß, dass es Zeit braucht, um umzudenken. Zehn Jahre ist er durch den Wald gezogen, um die *Seringueiros* davon zu überzeugen, dass auch sie Rechte haben und dass sie dazu fähig sind, sich zu organisieren , zu denken und nein zu den Mächtigen zu sagen, die sie schlecht behandeln und sie ausnutzen wie willenlose Marionetten. Zehn Jahre, das ist eine Ewigkeit, aber Mendes dachte niemals daran, aufzugeben. Für ihn haben die *Seringueiros* keine andere Wahl, als zu kämpfen und sich friedlich der Vernichtung ihres Lebensraumes zu widersetzen. Und damit beginnen sie nun gerade, als ob Mendes Kampf endlich Früchte tragen würde. All die Jahre lang, trotz der Militärpolizei, trotz der Todesschwadronen, hat er die Lektionen seines Lehrers Euclides Távora, der von Lenin* inspiriert war, nicht vergessen:

»Du musst dich engagieren. Zögere nicht, einer Gewerkschaft beizutreten, auch wenn sie an die Diktatur angebunden ist. Du musst sie nutzen, um deine Ideen zu verbreiten. Wer weiß, vielleicht gelingt es dir, das System umzudrehen.«

Mendes ist Euclides' Ratschlägen gefolgt. Er war Mitbegründer der ersten Gewerkschaft von Landarbeitern in Brasilia. Letztes Jahr wurde er sogar zum Stadtrat von Xapuri gewählt. So kann er von innen heraus agieren und versuchen, die Dinge wirklich zu ändern.

Die Stimmung verschärft sich plötzlich. Der Oberleutnant hat einen Befehl ausgerufen und

* Russischer Politiker, der den Ideen von Marx anhing. Lenin (1870-1924) war einer der Führer der russischen Oktober-Revolution im Jahr 1917 und Begründer der UdSSR.

die Polizisten haben nach ihren Waffen gegriffen. Sie zielen auf Mendes, João und die ganze *Seringueiros*-Gruppe, die sich hinter den beiden aufgestellt hat.

Die Großgrundbesitzer und die Viehzüchter wissen immer, wo sie die Ordnungskräfte finden. Sie pfeifen und schon kommen sie angerückt, so funktioniert das mit der Polizei hier, in Acre. Sie verteidigen die Reichen. Die Anderen, die Armen, sie können froh sein, wenn sie der Polizei egal sind. Schlimmstenfalls werden sie eingesperrt und gefoltert. Und wenn die *Pistoleiros* ihre dreckige Arbeit tun und unschuldigen Männern eine Kugel zwischen die Augen jagen oder sie bei lebendigem Leibe begraben, da rührt sich die Polizei nicht. Und wenn ein Viehzüchter in einem Wutanfall sich an einem armen Mann vergeht, da sagt die Polizei nichts. Hier im tiefen Amazonien bringt man massenhaft einfach diejenigen um, die stören, die protestieren, und auch die, die nichts sagen – dass sie, die Landarbeiter, die kleinen Bauern, die *Seringueiros,* existieren, kann schon zu viel sein. Fast hundert Opfer waren es dieses Jahr. Die Justiz belangt niemals die Mächtigen.

Die Polizisten legen ihre Waffen an, sie sind bereit, auf die Kinder, Frauen und Männer direkt vor ihnen zu schießen.

Anfangs hatte Mendes nicht geplant, dass Frauen mit ihnen demonstrieren. In der Welt der *Seringueiros* arbeiten die Frauen zwar viel, aber ein Mitspracherecht haben sie nicht wirklich. Diesmal jedoch haben sie es gewagt, zu protestieren, und sie haben sich durchgesetzt. Für sie kam es nicht in Frage, zu Hause zu bleiben. Also hat Mendes die Männer vorher unterwiesen:

»Companheiros, es ist besser, wenn ihr mit euren Familien kommt, nicht mit Macheten und Gewehren.«

Einige der Männer antworteten, dass sie sich doch verteidigen müssten. Auge um Auge, Zahn um Zahn.

»Wir wollen nicht länger stillhalten!«, ruft ein großer, magerer Mann. »Gewaltlosigkeit ist ja schön und gut, aber in der Zwischenzeit töten sie uns!«

Chico lässt sich nicht aus der Fassung bringen. Die Lebenden sind nützlicher als die Toten:

»Ich glaube nicht an Leichen«, sagt er mit seiner Stimme, der man einfach zuhören muss. »Ich weiß sehr wohl, dass ihr euch verteidigen könnt. Aber was ändert ein Blutbad?«

Chico ist Gewalt zuwider. Seit seiner Kindheit sind Kämpfe für ihn unerträglich. Er glaubt an die Kraft der Worte, die Macht des Gesprächs. Aber jetzt, wo die Polizisten ihre Waffen auf die Kinder und Frauen in der ersten Reihe vor den Männern gerichtet haben, ist alles anders. Er muss ein Entgleisen der Situation verhindern. Er geht mit erhobenen Händen langsam zurück zu den Frauen, die ihre Kinder an sich gedrückt halten und beunruhigt die Gewehre anstarren. Er kommt zu den Kleinen, die sich mit großen, erschrockenen Augen zwischen den Beinen ihrer Mütter verkrochen haben.

»Habt keine Angst. Bleibt ruhig, reagiert nicht auf die Provokation der Waffen. Es kann nichts passieren!«, macht Mendes ihnen Mut.

Plötzlich, als die Spannung ihren Höhepunkt erreicht hat, passiert etwas Unglaubliches. Erst hört man ein Räuspern, einige falsche Töne in der Stille. Dann holen die Frauen tief Luft. Aus ihren Mündern kommt zuerst ein Murmeln, als ob die Lippen sich erst aus ihrer Starre lösen müssten. Schließlich hört man erste Worte und dann – ein Lied aus vollem Herzen:

»Ouviram do Ipiranga as margens plácidas
*De um povo heróico o brado retumbante.«**

Der Oberleutnant, der die circa fünzig Polizisten befehligt, unbeweglich bis jetzt, kann ein Blinzeln nicht unterdrücken. Die Frauen der *Seringueiros* haben die Frechheit, die brasilianische Nationalhymne anzustimmen. Sofort mischen sich die hellen Stimmen der Kinder mit denen der Frau-

* »Die ruhigen Ufer des Ipiranga hörten den Aufschrei eines heroischen Volkes widerhallen.«

en. Dann stimmen die Männer mit ein, unter ihnen die starke brechende Stimme von João.

»E o sol da Liberdade, em raios fúlgidos,
Brilhou no céu da Pátria nesse instante.« *

Einigen Polizisten tropft der Schweiß von der Stirn. Andere müssen feststellen, dass eine salzige Flüssigkeit, die ihnen aus den Augenwinkeln rinnt, den Blick verschleiert.

»Se o penhor dessa igualdade
Conseguimos conquistar com braço forte,
Em teu seio, ó Liberdade,
Desafia o nosso peito a própria morte!« **

Ohne ein Wort, ohne zu zögern, präsentieren sie ihr Gewehr, dem Vaterland ergeben. Der Oberleutnant salutiert. Er erfüllt seine Pflicht.

* »Mit blitzendem Strahl erschien die Sonne der Freiheit in diesem Moment am Himmel unserer Heimat.«

** »Wenn wir es schaffen diese Gleichheit zu erkämpfen, in Deinem Namen, Freiheit, trotzt unser Mut sogar dem eignen Tod!«

»Ó Pátria amada,
Idolatrada,
*Salve! Salve!«**

Eine seltsame Ruhe legt sich plötzlich über den Wald, als ob alle Waldbewohner, Tiere wie Pflanzen, für einen Moment innehalten, überrascht von dieser atemberaubenden Konfrontation.

»Ich bin hier, um einen Gerichtsbeschluss durchzusetzen«, sagt der Offizier schließlich. »Und ich werde den Beschluss durchsetzen.«

»Er ist illegal«, antwortet Mendes sofort und ganz ruhig.

João sieht, wie sich der Gewerkschafter dem Oberleutnant nähert. Hinter ihm sind alle Augen der *Seringueiros* auf die Silhouette des untersetzten Mannes gerichtet.

»Ich mache Ihnen einen Vorschlag. Sie und ich, wir werden in die Stadt gehen, um festzustellen, ob diese Entscheidung dem Gesetz ent-

* »Sei gegrüßt, geliebte Heimat, hochverehrte, sei gegrüßt!«

spricht oder nicht. Bis dahin lassen Sie die Sägen ruhen, einverstanden?«

Der Polizist sieht Chico Mendes in die Augen. Er ist nicht gerade bester Stimmung. Dieses Durcheinander hat heute schon lange genug gedauert.

»Einverstanden«, antwortet der Offizier.

Mendes atmet auf. Seit einigen Jahren schon kämpfen die *Seringueiros* gegen die Entwaldung und widersetzen sich den »Säuberern«, dabei haben sie zahlreiche Kämpfe verloren. Oft hat er sich mit seinen Mitstreitern auf dem Boden wiedergefunden, die Hände auf dem Rücken gefesselt, sie wurden von den Polizisten geschlagen und dann in Lastwagen geworfen. Einmal waren sie um die hundert *Seringueiros*, blutüberströmt, eingepfercht in den Flur einer Polizeistation, die viel zu eng für sie alle war. Die Polizisten mussten sie schließlich alle gehen lassen.

»Haben wir gewonnen?«, fragt eine heisere Stimme hinter Mendes Rücken.

Der Mann dreht sich um. Das besorgte Gesicht von João schaut ihn an, mit vorgestrecktem Kinn. Er antwortet:

»Heute haben wir verhindert, dass die Bäume gefällt werden. Weißt du, wie man das nennt?«

»Ein *Empate*! Aber ich weiß nicht, was das bedeutet.«

Chico Mendes kratzt sich am Kopf.

»Spielst du Fußball?«

»Nö, nicht wirklich, ich spiele lieber Domino!«, antwortet João und zieht die Schultern hoch.

»Beim Fußball nennt man ein *Empate* auch ein Unentschieden. Das heißt, die Entscheidung, den Wald abzuholzen, ist aufgeschoben. Aber das ist schon sehr viel.«

»Ein Unentschieden? Aber wir haben doch gewonnen!«

Der Gewerkschafter schaut den Jungen an. Wie soll er es ihm erklären? Den *Seringueiros* gelingt es nicht immer, die Kettensägen zum Schweigen zu bringen. Aber jeder Tag, den sie hinauszögern können, ist ein gewonnener Tag für sie. Mendes ist überzeugt, dass es sich lohnt, auch den kleinsten Hektar Wald zu retten.

»Ja«, sagt er schließlich, »wir haben gewonnen. Aber eines Tages müssen wir es noch besser machen: einen großen *Empate* für ganz Amazonien organisieren.«

1987

Chico, Anwalt der Bäume und der Menschen

»Die Ruhe der Bäume, der Frieden dieser Ruhe der Gemeinschaft der Bäume, ihre Gewaltlosigkeit, die niemandem schadet, das fehlt mir, wenn ich zu lange weg bin«, denkt Mendes, in einen Flugzeugsitz gezwängt, auf dem Weg nach Rio Branco.

Das Leben mit den Riesenbäumen ist keine leichte Aufgabe, aber er kann ohne sie nicht leben. Nur dort, unter ihrem grünen Dach, fühlt er sich wirklich zu Hause. Instinktiv wusste er es schon immer. Aber er hat es erst richtig bemerkt, als er den Wald verlassen hatte und stundenlang per Boot, Auto und Karren in den Lärm und Wahnsinn der Megastädte reiste. Von nun an trägt Mendes den Kampf der *Seringueiros* über die Grenzen von Acre hinweg, in die mit Asphalt bedeckten, in Beton eingezwängten Städte. Er fliegt bis Rio de Janeiro und selbst nach Europa und in die Vereinigten Staaten. Er tauscht immer häufiger seine alten Jeans gegen einen grauen Anzug. Der sitzt etwas knapp, es ist ein gebrauchter, den seine Freundin Zélia, eine Nonne aus Xapuri, eines Abends aus einem Kleiderhaufen, der aus Italien stammte und bei der Kirche lagerte, aufgestöbert hat. Mendes hätte selbst niemals das Geld dazu gehabt, sich einen Anzug zu kaufen. Die, die ihn verdächtigen, aus Profitgier einer der wichtigsten Gewerkschaftsführer geworden zu sein, sind auf dem Holzweg. Manchmal hat er nicht einmal mehr Geld genug, um sich ein Busticket nach Rio Branco zu kaufen. Lange Zeit hatte Mendes nicht einmal die Mittel, seiner Familie ein Heim zu bieten. Seine Frau Ilzamar musste mit ihren beiden kleinen Kindern Elenira und Sandino bei ihren Eltern wohnen. Er selbst schlug sich irgendwie durch. Dasselbe gilt für die Flugtickets. Er hätte niemals selber seine Reisen zahlen können, wenn die Bewegung der *Seringueiros* nicht nach und nach Unterstützung, auch finanzieller Art, durch humanitäre, oft ausländische Organisationen oder auch engagierte Persönlichkeiten wie Adrian Cowell, einem englischen Filmemacher, oder Mary Allegretti, einer Lehrerin aus dem Süden Brasiliens, erhalten hätte.

Mendes dreht den Kopf zum Flugzeugfenster und schaut nach allen Seiten. Er erschrickt bei dem Anblick, der sich ihm bietet. Kein grünes Meer an Pflanzen breitet sich bis zum Horizont aus. Man könnte meinen, der Amazonas-Regenwald sei gänzlich verschwunden. Von oben betrachtet sind die Riesenbäume nicht zu sehen, sie sind unter einer dicken, teerhaltigen Rauchschicht eingeschlossen, die sie erstickt. Satelliten haben beobachtet, dass der Feuerbogen, der den Wald im Amazonasgebiet verbrennt, mittlerweile so groß ist wie die Entfernung Montreal-Miami. Nie zuvor waren die Flammen so zerstörerisch in diesem Teil der Welt. Und Chico Mendes kann es bezeugen: Auf der Erde herrscht eine apokalyptische Atmosphäre und all die Eidechsen, Tukane, Orchideen, Affen, Käfer und Tausende andere tierische und pflanzliche Spezies sind darunter gefangen und erleben die Hölle.

Die Viehzüchter brennen alles ab, so viel, dass die kleinen Regionalflughäfen tagelang geschlossen bleiben müssen. Der Rauch greift die Flugzeugmotoren an und beschränkt die Sicht der Piloten auf 200 Meter.

Nichts kann diesen Wahnsinn stoppen, der die Viehzüchter und Bauern antreibt, und der sie blind macht für das Unvermeidliche: Amazonien ist reich durch seine gesunden Bäume und sicher nicht durch verbrannte Flächen mit zerstörten, ausgerissenen, verbrannten Bäumen. Aber die Viehzüchter denken lediglich an ihren Geldbeutel, an das, was ihnen viel und schnell einbringt.

»Es ist die totale Entwaldung durch die großen Landbesitzer, die den unberührten Wald bedrohen.

Sie holzen Tausende Hektar Wald ab, machen die Hälfte davon zu Weideflächen und die andere Hälfte lassen sie brachliegen. Sie interessieren sich nur für die Spekulation.«

Mendes erinnert sich an die Rede, die er gestern in einem der Säle eines luxuriösen New Yorker Hotels vor einem Fachgremium gehalten hat, alle in Anzug, Krawatte und Abendkleid. Es waren Journalisten, Wissenschaftler, Politiker und einige andere Mächtige dieser Welt.

»Wir sagen nicht, dass niemand den Wald anrühren darf. Die *Seringueiros* und die Indianer haben immer alles angebaut, was sie zum Leben brauchten, aber sie haben niemals die Existenz des Waldes gefährdet.«

Mendes hat zugestimmt, vor diesen Leuten zu reden, die nicht seiner Welt angehören, nicht weil er sich präsentieren und seine Seele verkaufen will, sondern um stellvertretend für die *Seringueiros* zu sprechen und in ihrem Namen den Preis einer gemeinnützigen Organisation entgegenzunehmen, der *Better World Society*. Die Prämie ist genauso hoch wie die, die er ein paar Wochen zuvor in London erhalten hat, für den Preis Global 500 der Vereinten Nationen. Mendes will keine Möglichkeit auslassen, die Welt auf das aufmerksam zu machen, was Amazonien zerstört und den Planeten bedroht.

»Anfangs dachte ich, ich würde mich für den Erhalt der Kautschukbäume einsetzen, dann dachte ich, ich würde für die Rettung des Regenwaldes im Amazonasgebiet kämpfen. Heute weiß ich, dass ich für die Menschheit kämpfe.«

Das Publikum in dem Hotel spendete tosenden Beifall, ihm, dem dicklichen Brasilianer in dem abgerissen Anzug. Am Anfang haben sie vielleicht auf ihn herabgesehen. Aber dann, als sie ihn reden hörten, diesen entschlossenen, von seinem Kampf besessenen kleinen Mann, waren sie alle in seinen Bann geschlagen, überzeugt von seiner Idee.

»Sie sind einer unserer besten Ökologen«, flüsterte ihm nach seinem Vortrag eine Stimme zu.

Mendes erinnert sich weder an die Gesichter noch an die Namen. Aber dieses Wort »Ökologe« ist ihm in Erinnerung geblieben. Noch vor kurzem wusste er nicht, was das heißen sollte. Er war Kautschuksammler, Gewerkschafter, Sozialist. Er war sich nicht bewusst, dass er, indem er die Bewohner des Regenwaldes verteidigte und den Regenwald selbst zu schützen versuchte, auch ein Ökologe war.

»Nein wirklich, Ihr Kampf für den Wald ist sehr wichtig für den ganzen Planeten«, fügte eine zweite Stimme in der Luxuslounge des New Yorker Hotels hinzu.

Er lächelte zustimmend unter seinem Schnauzbart.

Mendes hat sich nie zu ernst genommen, aber er hat auch nie daran gezweifelt, dass sein Kampf eine essentielle Sache berührt. Es handelt sich um eine Angelegenheit um Leben oder Tod für die Menschheit. Der Schutz der Umwelt hat nur einen Sinn, wenn es auch ein Kampf für die Menschheit ist. Die Bäume zu schützen heißt, die Menschen zu schützen, den Ungerechtigkeiten zu trotzen, die ganze Völker wie Sklaven leben lassen, in Elend, Unwissenheit und Hunger. Ungerechtigkeiten, die die einen sterben lassen, während die anderen immer fetter werden und den Planeten für ihren Profit plündern. Allein in

Brasilien haben zu viele Männer, Frauen und Kinder schlimmstes Leid erfahren müssen. Sie wurden im eigenen Land vertrieben, sie machten sich auf in der Hoffnung auf ein besseres Leben und begegneten nur Banditen, Krankheiten, Schlangen und oft genug dem Tod. Die Armut ist auch der Feind der Bäume. Die Konzentration von Grund und Boden in der Hand von wenigen, die einem ganzen Land ihren Willen aufdrängen und die Überlebenschancen für so viele Menschen beschneiden, das ist der Fluch Brasiliens. Der tropische Regenwald ist kein Eldorado und sein Boden ist so arm, dass keine Agrarpflanzen angebaut werden können – nicht ohne astronomische Mengen an chemischen Produkten auszubringen, die viel zu teuer sind für die Armen, die hier zu überleben versuchen.

Der Wald und die Armut, das ist das Erbe der Mendes, die Geschichte seiner Familie, seines Großvaters José.

Das Flugzeug landet und bleibt auf dem Flugfeld von Rio Branco stehen. Mendes geht auf den

Ausgang zu. Sein Hals ist wie zugeschnürt, als er sich der Diskrepanz zwischen New York und Amazonien schlagartig bewusst wird. In New York hat man seinen Kampf begrüßt. Hier in Brasilien will man ihn umbringen. Hier in den Terminals des Flughafens ist er mehr als irgendwo sonst in Gefahr. Die Viehzüchter fliegen in ihren Privatflugzeugen von einem Ende ihrer Besitzungen zum anderen und treffen sich gerne am Flughafen, um etwas miteinander zu trinken und über Geschäfte zu reden. Mendes ist ein rotes Tuch für sie, ihr Erzfeind Nummer eins, und sie sind zu allem bereit, um ihn auszuschalten.

Wegen dieser Typen haftet Acre der Ruf des »Wilden Westen Brasiliens« an. Schon immer herrschte hier das Faustrecht. Und auch wenn Brasilien sich seit 1984 der Militärs entledigt hat, hindert die demokratische Regierung die Viehzüchter nicht daran, die Gegend mit organisierten Banden zu terrorisieren. Sie haben sogar eine Partei gegründet, um politische Entscheidungen zu beeinflussen, um Wählerstimmen zu kaufen und … Waffen. Ihre Organisation hat

Pistoleiros engagiert, um die Störenfriede zu eliminieren. Acre ist nicht der einzige Bundesstaat in Brasilien, der von Gewalt zerrüttet wird. Im ganzen Land wurden in den letzten zwei Jahren 458 Bauern, Landarbeiter, Gewerkschaftsführer und politisch aktive Priester getötet. Die Regierung regt sich nicht.

Chico weiß, er ist der Nächste auf der Liste. Er hat das Recht, eine Waffe zu tragen, um sich im Notfall zu verteidigen.

»Hör auf!«, hat ihn seine Frau Ilzamar vor einigen Wochen gebeten, nachdem sie mit Schaudern einige dieser Herumtreiber an ihrem Haus entdeckt hatte.

Aber Mendes will nicht aufgeben. Es ist zu spät, um die Uhr zurückzudrehen. Er spürt es. Er war dem Ziel noch nie so nahe, auch wenn der Kampf der *Seringueiros* in seinem Land, in Brasilien, ein viel zu schwaches Echo findet und Mendes selbst als Verräter verleumdet wird, der für die USA arbeitet, als Spion der CIA.

Mendes hört nicht zu, wenn er mal wieder in den Schmutz gezogen wird. Vor nicht allzu langer Zeit haben dieselben Leute ihn verdächtigt, ein Kommunist zu sein, ein Agent des KGB, des sowjetischen Geheimdienstes.

Zum Glück hat Mendes in den Vereinigten Staaten und in Europa Verbündete gefunden. Seine Freunde, Journalisten, Ökologen und Wissenschaftler, haben es geschafft, ihn mit Vertretern von internationalen Organisationen zusammenkommen zu lassen, die seit Jahren entwicklungspolitische Projekte in Brasilien unterstützen. In Miami konnte er direkt mit den Vertretern der Weltbank sprechen, eine der Organisationen, die Brasilien am meisten Geld leihen und so die Schulden wachsen lassen … Milliarden Dollar, die das Land zurückzuzahlen versucht, indem es Fleisch und ganze Schiffsladungen an landwirtschaftlichen Gütern exportiert.

Mit entsprechendem Zahlenmaterial hat Mendes den Spezialisten mit Diplomen der größten amerikanischen Universitäten den Mechanismus dargelegt und ihnen erklärt, dass die internationale Hilfe vor allem dazu dient, das Amazonasgebiet auszubeuten. Er hat ihnen vor Augen geführt, dass ein Hektar Wald, der gut unterhalten wird, zwanzigmal mehr einbringt als der Ertrag nach Abholzung für die Viehzucht. Aber vor allem hat Mendes ihnen seine Idee erläutert, Schutzzonen zu schaffen, Waldgebiete, die niemandem gehören und in denen die *Seringueiros* weiter Kautschuk ernten können.

Mendes zündet sich eine Zigarette an, eine schlechte Angewohnheit, die er sich nicht abgewöhnen kann. Es ist eben nicht einfach, mit dem Rauchen aufzuhören, wenn man wie alle Söhne der *Seringueiros* bereits mit sieben Jahren seine erste Zigarette angezündet hat, weil der Tabakrauch im Wald die Mückenschwärme und die kleinen schwarzen Fliegen vertreibt. Der kleine Mann geht, von einem Leibwächter eskortiert, schnell auf den Ausgang des Flughafens zu. Er will nur eins: nach Hause zu seiner Frau Ilzamar und seinen beiden Kindern Elenira und Sandino. Wegen seiner vielen Reisen sieht er sie manchmal nur einmal im Monat. Seine Familie fehlt ihm. Nichts liebt er mehr, als mit seiner

Frau und seinen Kindern in seinem Haus in Xapuri zu sein. Das ist der Preis, den er für seinen Kampf für den Wald zahlt.

»Hurensohn!«, zischt ein Mann in seine Richtung.

Mit einem Bier in der Hand sitzt der Mann mit drei anderen Typen an einem Tisch, die ihn finster anstarren. Er deutet mit dem Zeigefinger auf sein Kinn. Mendes beachtet ihn nicht. Er geht vorbei, ignoriert ihn ebenso wie die anderen.

»Verflucht!«, brüllt ein anderer. »Wir kriegen dich noch!«

Mendes denkt an seinen Freund Wilson Pinheiro, der vor ihm Gewerkschaftsführer der *Seringueiros* war, und der 1980 mit zwei 38 mm-Kugeln exekutiert wurde, für 600 *Cruzados* (ungefähr 230 Euro). Sieben Monate vorher war Chico selbst entführt, geschlagen und in einen Graben geworfen worden, aber sie hatten ihn noch nicht getötet. Wilson Pinheiro war ebenso unbestechlich wie Mendes. Als er ermordet wurde, gingen Hunderte *Seringueiros* in Xapuri auf die Straße.

»Amazonien gehört uns!«, brüllt noch jemand ein bisschen weiter entfernt.

Aber Amazonien gehört niemandem. Mendes hätte sich gerne umgedreht und dies geantwortet, aber er geht seinen Weg weiter. Die Viehzüchter können sich gerne auf ihren Ländereien verschanzen. Die »Waldvölker«, die hier leben und arbeiten, werden in Zukunft zusammenstehen. Die Indianer und die *Seringueiros* haben sich bei ihren *Empates* zusammengeschlossen, um denen Widerstand zu leisten, die glauben, der Fortschritt sei unweigerlich verknüpft mit Zerstörung. Chico erinnert sich an seine erste Begegnung mit einem Indianerführer. Anfangs traute dieser ihm und seinen Kameraden nicht. Die *Seringueiros* waren schon immer ihre schlimmsten Feinde, seit zu Beginn des Kautschukbooms Zuwanderer hierher kamen, um sich als *Seringueiros* niederzulassen, und die Indianer verjagten. Mendes gelang es, den Indianerführer zu beruhigen und zu überzeugen, zusammen gegen die zu kämpfen, die für ihre gemeinsame Misere verantwortlich waren: die Banker, die Grundbesitzer und die Viehzüchter, die sie ausbeuten und seit Jahrzehnten unterdrücken.

Plötzlich hört Mendes Schritte, die sich ihm nähern. Sein Herz beginnt zu rasen. Er legt seine Hand an den Pistolengriff, bereit ihn zu zücken, als ein junger Mann ihm gegenüber steht und ihm fröhlich zuruft:

»*Companheiro*! Ich bin's, João!«

Mendes Gesicht erhellt sich. Er erkennt den kleinen Jungen mit den zweifarbigen, grün-gelben Augen wieder, den er bei einem *Empate* getroffen hat. Nun ist dieser Junge ein Mann und fragt ihn:

»Kommen Sie aus Rio zurück?«

»Nein, aus New York.«

João reißt die Augen vor Erstaunen weit auf.

»Für den Wald? Für die *Seringueiros*?«

Mendes nickt.

»Ja, der Kampf geht weiter. Wir wehren uns. Bald wird das alles hinter uns liegen. Und du? Wo kommst du her?«

»Ich studiere in Rio. Botanik. Ich arbeite mit einer Gruppe von Wissenschaftlern, die die Bäume in Amazonien untersuchen.«

Mendes legt die Hand auf die Schulter von João, sichtlich bewegt.

»Das ist fantastisch!«

»Das verdanke ich der Schule der *Seringueiros* ...«

João deutet mit dem Kinn auf die Viehzüchter.

»Wie ... Wie können Sie nur weitermachen?«

Mendes antwortet ihm mit einem breiten Lächeln:

»Weißt du, ich bin ein Träumer. Ein Träumer mit offenen Augen.«

2003

Eleniras Kampf

Man hat es ihr schon oft gesagt. Elenira hat das gleiche Lächeln wie ihr Vater. Die junge Frau konnte dieses Kompliment noch nie hören, ohne dass sich ihr Herz zusammenzog.

Sie war vier Jahre alt, als ihr Vater starb.

Seine Ermordung ist ihre einzige Erinnerung an den Mann, mit dem sie so kurz nur gelebt hat. An einem Sonntag im Dezember 1988 ging er an das andere Ende des Innenhofs, um eine Dusche zu nehmen, nach einer Partie Domino mit seinem Leibwächter, der ihm nicht von der Seite wich, seitdem seine Gegner ihm seinen Tod angekündigt hatten. So funktioniert das in dieser Ecke Amazoniens: Man erhält die Ankündigung, dass der eigene Tod unmittelbar bevorsteht, und man weiß, dass man nichts dagegen tun kann.

Als er vom Hof zurückkam und die Küche betrat, brach er zusammen. Elenira erinnert sich an ihre Angst, als sie ihren Vater am Boden sah, mit seinem blutgetränkten Handtuch. Er sah sie an und sie hörte ihren Namen. Das, was er ihr noch sagte, konnte sie nicht mehr verstehen.

Lange Zeit hat Elenira sich gefragt, was ihr Vater ihr sagen wollte. Lange Zeit hat Elenira wie eine Auster zugemacht, wenn man in ihrer Gegenwart von ihrem Vater und seinem Kampf für Amazonien sprach. Es war zu schmerzhaft. Sie hasste den Wald dafür, ihr den Vater genommen zu haben, sie hasste ihr Land dafür, dass es taub und stumm geblieben war, sie hasste die Regierung dafür, dass sie nichts zu seinem Schutz getan hatte. Sicher, die Justiz hat versucht, das Image von Brasilien wieder aufzupolieren. Die Mörder ihres Vaters wurden 1990 verurteilt. Man erfuhr, was man schon wusste. Die Viehzüchter hatten ihre *Pistoleiros* geschickt, um den zu eliminieren, der einige Monate zuvor die Erlaubnis der Regierung für eine Schutzzone auf einem Stück ihres Waldlandes erhalten hatte. Die Mörder wurden zu 19 Jahren Gefängnis verurteilt. Eine beispielhafte Strafe. Eine Premiere in einem Land, wo bis dato 1.627 Morde ungesühnt geblieben waren.

Elenira hasste auch ihren Vater dafür, dass er alles für seinen Kampf gegeben hat. Alles für den Wald und nichts für sie. Das glaubte sie bis heute.

Sie erstarrt, als sie das Radio anschaltet und eine Frauenstimme über ihren Vater reden hört. Marina Silva, Umweltministerin, eine Frau aus Xapuri, die an der Seite ihres Vaters gekämpft hat. Sie war Analphabetin, aus einer *Seringueiros*-Familie, und nun ist sie ein Mitglied der Regierung.

»Sie ist mutig«, murmelte jemand in Eleniras Ohr. »Du weißt, dass sie eine von uns ist. Aber sie kommt nicht gegen Monsanto an, das multinationale Gentechnologie-Unternehmen. Es reicht ihnen nicht, den Wald zu zerstören, um Soja anzubauen. Sie müssen uns auch noch mit ihren gentechnisch veränderten Pflanzen überschwemmen.«

Elenira dreht sich um. Ihre Tante reicht ihr ein Foto.

»Hier, schau, was ich gefunden habe! Du mit deinem Vater!«

Elenira wirft einen flüchtigen Blick auf das Bild.

»Dreh es um!«

Die junge Frau liest auf der Rückseite des Fotos einige handgeschriebene Worte:

Elenira, eine Tages wirst du den Kampf weiterführen, den dein Vater nicht gewinnen kann.

»Das ist die Schrift von Chico«, sagt ihre Tante lächelnd.

Die Worte wecken in Elenira unerwartete, aufbäumende Gefühle, als ob die Kugel, die ihren Vater getötet hat, nun sie trifft und direkt in ihr Herz dringt.

Elenira kann ihre Lippen nicht mehr bewegen. Alle Organe ihres Körpers scheinen innezuhalten. Für einen Moment bleibt sie unbeweglich. Die Emotionen überwältigen sie und auf einmal strömen all die Tränen, die sie seit ihrer Kindheit zurückgehalten hat, über ihr Gesicht. Diese Worte, die ihr Vater ihr hinterlassen hat, das ist sein Vermächtnis an sie. Wunderbar. Der Schock einer zweiten Geburt. Mit 19 Jahren versteht die Tochter des Helden plötzlich, dass der Wald auch ihre Angelegenheit ist. Und sie lächelt, unendlich glücklich.

Weitere Informationen:

Schriften

Chico Mendes – Der Regenwald brennt, Alex Shoumatoff, München, Goldmann, 1992

Chico Mendes, Andrew C. Revkin, Reinbek bei Hamburg, Rowohlt, 1991

Rettet den Regenwald, Chico Mendes und Tony Gross, Göttingen, Lamuv, 1990

Das grüne Gewissen Brasiliens: José Lutzenberger, Siegfried Pater, Göttingen, Lamuv, 1989

Das Vermächtnis – Wir können die Natur nicht verbessern, José Lutzenberger, Siegfried Pater, Bonn, Retap, 2003

Entwaldung in der internationalen Klimapolitik, Sybille Röhrkasten, VDM Verlag Dr. Müller, 2009

Folgen der Abholzung, Spiegel Wissenschaft Online, http://www.spiegel.de/wissenschaft/mensch/0,1518,533034,00.html

Roman

Der Alte, der Liebesromane las, Luis Sepúlveda, München, dtv, 2002

Musik

»*How many people*«, Paul McCartney, Flowers in the Dirt, 1989

Album *Blue Sky Mine*, Midnight Oil, 1990

»Cuando los angeles lloran«, Maná

Beds are burning, musikalischer Protest gegen die Klimaerwärmung, inspiriert durch den Titel von Midnight Oil, 2009

Chico Mendes, David Campbell, 2005

Filme

Der Smaragdwald, John Boorman, 1985
Avatar, James Cameron, 2009

Internet

Institut Chico Mendes: www.chicomendes.org.br
Greenpeace: www.greenpeace.org
Rainforest Alliance: www.rainforest-alliance.org
WWF : www.wwf.de
Zero Deforestation : www.zero-deforestation.org
Survival : www.survival-international.de
Rettet den Regenwald e.V. : www.regenwald.org

Auch sie haben Nein gesagt

Haiti 2010

Ein furchtbares Erdbeben verwüstet die Gegend um Port-au-Prince, der Hauptstadt. Auch wenn es unmöglich ist, solche Katastrophen vorherzusehen, so kann man doch die Folgen mindern. So sollten zum Beispiel Häuser und Gebäude aus Holz gebaut werden, die den seismischen Erschütterungen besser standhalten als Gebäude aus Stahlbeton. Die Sache ist nur, dass Haiti, ein Extrembeispiel für Entwaldung, jetzt für den Wiederaufbau nicht mehr genügend Holz zur Verfügung hat. Heute besteht die Oberfläche des Landes zu zwei Prozent aus Wald, im Gegensatz zu 60 Prozent Anfang der 1920er-Jahre. Das Abholzen der Bäume war anfangs das Werk der Kolonialherren, dann der Industriellen, die sich der edlen Hölzer bedient haben. Heutzutage hängt das Verschwinden der Bäume überwiegend mit der demographischen Entwicklung und der Armut in Haiti zusammen. Für 65 Prozent der Haitianer ist Holz die einzige Energiequelle. Gemäß den Vereinten Nationen werden 35 Millionen Bäume jedes Jahr gefällt. Die Leute fällen die Bäume, um zu überleben, stören dadurch den Wasserkreislauf, verschlechtern so die Lebensbedingungen und schaffen noch mehr Armut.

Seit Jahren versuchen NGOs und Dorfverbände, wie die Yele Foundation des Rappers Wyclef Jean, etwas dagegen zu unternehmen, indem sie Kinder zu Botschaftern des Waldes machen.

Nach dem Erdbeben bleibt der Kampf gegen die Entwaldung, die die Folgen der Naturkatastrophen noch verschlimmert, mehr als zuvor auf der Tagesordnung in Haiti.

Alte Waldbestände vor den Kettensägen retten

Vor 8.000 Jahren war die Hälfte unseres Planeten von Wald bedeckt. Heute bedecken die Wälder nur noch 30 Prozent des Festlandes. Einige glauben, dass es keinen Grund zur Panik gäbe, da die Wälder nachwachsen würden. Man kann natürlich immer beschließen, neue Wälder anzupflanzen. Aber diese neu geschaffenen Wälder werden nie so reich sein wie die alten Wälder, die Millionen von Jahren gebracht haben, um sich herauszubilden. Es ist wichtig, alles zur Erhaltung der alten Waldbestände zu tun, die dabei sind zu verschwinden. Sie stellen nur noch sechs Prozent der Fläche des Festlandes, aber 90 Prozent der Artenvielfalt. Und sie bergen nach wie vor große Geheimnisse für die Wissenschaftler.

In Australien kämpfen die Umweltschützer, allen voran Senator Bob Brown, seit zwanzig Jahren für den Schutz des Waldes in Tasmanien, einer Insel im Süden des Landes. Sie stellen sich den Industriellen entgegen, die den bisher unberührten Wald durch Anpflanzungen ersetzen, die den Papierfabriken in Japan dienen. Fast 90 Prozent der riesigen, seltenen Eukalyptusbäume wurden schon gefällt. Die Ökologen prangern ein wahres »Kettensägen-Massaker« an. Sie versuchen sich zu widersetzen, indem sie die Waldmaschinen blockieren und indem sie Demonstrationen und Kampagnen gegen die Kunden und die Banken organisieren, die indirekt die Entwaldung finanzieren.

Die »Waldzerstörer« rechtfertigen ihr Tun oft mit der Notwendigkeit von wirtschaftlicher Entwicklung der betreffenden Länder. In Afrika kämpft René Ngongo, Greenpeace-Vertreter in der Demokratischen Republik Kongo, gegen die Pläne der mächtigen Industrieverbände, die Druck auf die Regierung ausüben, um sich den Wald aneignen zu können, der schon genug unter den Folgen von Armut und Bürgerkrieg gelitten hat. Unter diesen Bedingungen wird der

Wald im Kongo, die zweitgrößte Tropenwaldfläche nach Amazonien, bis 2050 40 Prozent seiner Bäume verlieren.

Frauen an vorderster Front

Die Bewegung gegen die Entwaldung hatte ihre Anfänge in den 1970er-Jahren in Indien. Für die Frauen der Chipko-Bewegung im Himalaya ist der Wald nicht nur ein Mittel, um Geld zu verdienen. Der Baum ist vor allem Lebensgrundlage. So stellen sie sich den mit Äxten ausgestatteten Arbeitern, die 1973 in ihr Dorf kommen, um die Bäume zu fällen, in den Weg. Die Äxte machen ihnen keine Angst, sie umarmen die Bäume, um sie vor der Zerstörung zu bewahren.

Nach und nach organisieren sich die Frauen und verlangen von den Obrigkeiten, ihre Ansichten anzuhören, bevor Entscheidungen bezüglich des Waldes getroffen werden sollen. Sie gründen »ökologische Entwicklungslager«, um die Bauern in der nachhaltigen Bewirtschaftung des Waldes zu unterrichten. Schließlich sind sie auch Initiatoren eines gewaltigen Aufforstungsprogramms, das teilweise von der Regierung subventioniert wird. Dennoch sind heute nur noch elf Prozent des indischen Festlandes mit Wald bedeckt (im Gegensatz zu 30 Prozent in den 1950er-Jahren) und manche Regionen werden schon zu wahren Wüsten.

Den Wald schützen, um Kriege zu vermeiden

Ungefähr zur gleichen Zeit, im Jahr 1977, wird dem Biologe Wangari Maatha in Kenia das Verschwinden der Wälder bewusst, als die Bauern ihm erzählen, dass sie nicht mehr genug Wasser, Holz und Nahrung für die Kinder hätten. Die Austrocknung der Böden ist eine direkte Folge der Entwaldung. Ein Teil des kenianischen Waldes wurde von den britischen Kolonialherren in Plantagen von Pinien und Eukalyptusbäumen umgewandelt, die viel Geld einbrachten. Nach der Unabhängigkeit im Jahr 1963 wurde der restliche Wald einfach abgebrannt: Kenia wandte sich hin zu einer intensiven, exportorientierten Landwirtschaft.

1977 schlägt Wangari Maatha den Bauern vor, Aufforstung zu betreiben, um den Boden wieder zu bedecken, und richtige Grüngürtel zu schaffen, um die Erosion einzuschränken und die Tiere wieder anzulocken. Eine Initiative, die 2004 mit dem Friedensnobelpreis belohnt wird. Ein Zeichen für den Biologen, der davon überzeugt ist, dass die Wiederanpflanzung von Bäumen Kriege verhindern kann.

Die Penan
Gegen die Anpflanzung von Palmen

Auf der Insel Borneo, die zu Malaysia gehört, leben die Penan, ein Volk von Jägern und Sammlern. Mit Blasrohren und Lanzen bewaffnet, errichten sie regelmäßig Barrikaden gegen die

Holzindustrie, die den Regenwald abholzen, um stattdessen Ölpalmen anzupflanzen. Palmöl wird massenhaft in die Industrieländer exportiert, nach China und Indien. Es ist relativ billig und wird in großem Umfang in der Lebensmittelindustrie für Gebäck, Cerealien, Brot, Chips und Pizza eingesetzt, aber auch für Shampoos und Waschmittel – mit dem Ergebnis: Indonesien, das Nachbarland und auch ein großer Palmöl-Produzent, hat den drittgrößten CO2-Ausstoß weltweit nach China und den Vereinigten Staaten. Die Penan, zu Hunderten von der malaysischen Regierung inhaftiert, können sich nicht mehr ernähren: sie haben ihren Wald verloren und können auch nicht mehr in den Flüssen fischen, da diese von der Holzindustrie verschmutzt sind.

Schutz der Mangrovenwälder vor der Garnelenzucht

In Ecuador trotzen die Muschelfischerinnen den internationalen Garnelenzüchtern. Die Züchter zögern nicht, den Schießbefehl zu geben oder ordnen an, dass Hunde auf die Frauen losgelassen werden. Die mutigen Muschelfischerinnen organisieren sich dennoch und widersetzen sich den Züchtern, um die Mangrovenwälder zu schützen, diese Wälder zwischen Land und Meer, in denen zahlreiche Fische und Muscheln leben. Die Züchter versuchen, diese zu zerstören, um dort ihre Garnelenzuchtstationen zu bauen. Zwischen 1980 und 2005 sind 20 Prozent der Mangrovenwälder von der Erde verschwunden. Auch die demografische Entwicklung und der Tourismus sind schuld an dieser Entwicklung. Mangrovenwälder werden zerstört, um Kokospalmen anzubauen, die mehr dem Bild entsprechen, das sich Touristen von der Postkartenidylle machen. Im Senegal hat Ha dar el Ali, der Präsident der Organisation

Océanium, die Bevölkerung der Casamance überzeugt, bei der Aufforstung der Mangrovenwälder mitzuhelfen, indem sie Millionen von Mangroven-Setzlingen anpflanzen.

Der Druck der internationalen NGO

Die zahlreichen Nichtregierungsorganisationen (NGO) für den Umweltschutz unterstützen vor Ort die einfachen Bürger, die sich organisieren, um den Wald zu schützen. Dieser Kampf ist im Allgemeinen sehr gefährlich: Diese Menschen legen sich mit Wirtschaftsgruppierungen an, mit internationalen Gesellschaften, die oft genug mit den amtierenden Regierungen gemeinsame Sache machen. Sie werden bedroht, angegriffen, eingesperrt und manchmal auch getötet.

Die Rolle der NGO besteht auch darin, die Gesinnung der Menschen zu ändern. Dank ihnen ist sich die öffentliche Meinung mittlerweile bewusst darüber, welch großen Anteil die Entwaldung am Klimawandel hat. Sie ist verantwortlich für 20 Prozent des CO2-Ausstoßes in die Atmosphäre. Denn wenn die Bäume während ihres Wachstums das Kohlendioxid speichern, so stoßen sie es ab, wenn sie gefällt werden.

Vor allem dank der NGO erkennen die Konsumenten in den reichen Ländern, dass die preiswerten Holzmöbel oder -produkte, die sie zu einem Schleuderpreis einkaufen, aus den Tropenwäldern stammen, die die multinationalen Konzerne völlig straffrei ausbeuten.

Die Wälder sind Opfer aller möglichen Arten von Handel. Die Hälfte der weltweiten Abholzung ist illegal. 20 bis 40 Prozent des nach Europa importierten Holzes stammt aus diesem illegalen Handel. Um dieses Phänomen zu bekämpfen, wurde 1993 das Label FSC (Forest Stewardship Council, Rat zum Schutz des Waldes) geschaffen, der den Konsumenten garantiert, dass das Produkt, das sie kaufen, legal produziert wurde und der Wald und die Menschen, die dort wohnen und arbeiten, bei der Herstellung respektiert wurden.

Eine andere Aufgabe der NGO ist es, Druck auf die Regierungen auszuüben und sie zum Handeln aufzufordern. So haben sich im April 2009 die Europaabgeordneten für ein Importverbot von illegalem Holz ausgesprochen, gefolgt von zumindest einem Teil der 27 europäischen Länder des Europarats im Januar 2010.

2007 fand auf Bali, Indonesien, eine internationale Konferenz statt, bei der die Staaten anerkannt haben, dass die Entwaldung eine wichtige Rolle beim Klimawandel spielt. Zwei Jahre später, 2009, fand in Kopenhagen in Dänemark eine weitere Konferenz statt, bei der beschlossen wurde, geeignete Maßnahmen zu ergreifen, um die armen Länder dazu anzuregen, ihre Wälder zu schützen und mit finanzieller Hilfe der reichen Länder eine Aufforstung zu beginnen.

Die Hoffnung: Und wenn Brasilien mit gutem Beispiel vorangeht?

Brasilien mit dem weltweit viertgrößten CO2-Ausstoß stand lange Zeit am Pranger, scheint aber nun endlich bereit, die Zerstörung seiner Wälder zu stoppen. Ende 2009 hat die Regierung die Absicht bekundet, bis 2020 die Entwaldung um 80 Prozent zu reduzieren. Ein Ziel, das eine Frau sehr aufmerksam verfolgt: Marina Silva. Sie ist die Tochter eines *Seringueiros*, wurde zur Senatorin und dann zur Umweltministerin gewählt, und war 2010 Präsidentschaftskandidatin für die Grüne Partei. Sie zählt zu den führenden Stimmen in Brasilien. Ein bemerkenswerter Fortschritt in diesem Land, das taub war für die Aufrufe von Chico Mendes.

In Brasilien ist die illegale Holzgewinnung zusammen mit der Viehzucht und dem Sojaanbau die Hauptursache für die Entwaldung.

Die *Seringueiros* ernten Latex, indem sie die Rinde der Kautschukbäume einritzen. Sie wandeln die weiße Flüssigkeit in Kautschuk um, das zur Produktion von Reifen, Schuhsohlen, Luftballons etc. genutzt wird.

Chico Mendes mit seiner Frau und seinen beiden Kindern im Dezember 1988.

1990 wurden Darly Alves, ein reicher Großgrundbesitzer, und sein Sohn Darcy zu 19 Jahren Gefängnis für die Ermordung von Chico Mendes verurteilt. Bis dahin waren die Ermordungen von Gegnern der Entwaldung ungestraft geblieben.

Hunderte *Seringueiros* nahmen an der Trauerfeier für Chico Mendes teil. Unter ihnen der spätere brasilianische Präsident Luiz Inácio Lula da Silva, Gründer der Arbeiterpartei, in der Chico Mendes Mitglied war.

Die Abholzung schlägt immense Schneisen durch den Amazonaswald. Satellitenaufnahmen zeigen jedoch, dass die Entwaldung in Brasilien seit 2004 stagniert, besonders in den Jahren 2008 und 2009.

In Malaysia leisten die Penan, ein Volk von Jägern und Sammlern, Widerstand. Sie lehnen es ab, dass ihr Wald zerstört und in eine riesige Ölpalmenplantage umgewandelt wird. Einige NGO rufen die Konsumenten auf, Palmöl zu boykottieren.

Auf Haiti hat die Stiftung von Rapper Wyclef Jean sogenannte »grüne Schulen« geschaffen, in denen Kinder zu »Botschaftern des Waldes« werden. Im Jahr 1920 bedeckte der Wald auf Haiti 60 Prozent des Landes. Heute sind es nur noch zwei Prozent.

Als Tochter eines *Seringueiros* kämpfte Marina Silva anfangs an der Seite von Chico Mendes, bevor sie 1994 Senatorin und 2003 Umweltministerin im Kabinett von Präsident Lula wurde.

Bildnachweise